Hrsg. Sina Blackwood

EVELINE HOFFMANN

EMAIL AN SISYPHOS

AF210903

Bibliografische Informationen der Deutschen Nationalbibliothek:
Die Deutsche Nationalbibliothek verzeichnet diese Publikation in der Deutschen Nationalbibliografie; detaillierte bibliografische Daten sind im Internet über http://dnb.d-nb.de abrufbar.

© 1. Auflage: April 2016
Hrsg. Sina Blackwood / **EVELINE HOFFMANN**

Coverbild: fotolia #49113483
                                         Sisyphus © Mopic
Illustrationen: Mario Streu

Umschlaggestaltung: Sina Blackwood
Layout: Sina Blackwood

Herstellung und Verlag:
BoD – Books on Demand, Norderstedt
ISBN: 9783837099058

EVELINE HOFFMANN

Email an Sisyphos

Jahres-
zeiten

Lebenswetterkapriolen

Verfrühter Frühling -
Schöne Illusion im Februar
Bedeckt von Märzenschnee
Und weggespült
Vom langen Regen im April.

Die Junikäfer
Kommen dafür schon im Mai.
Sie bleiben
Bis wir in den Süden fahren
In überschwemmte Täler,
Wo wir fast erschlagen werden
Von einem Erdrutsch gleich vorm Haus.

Bei unsrer Rückkehr
In den Norden
Scheint die Sonne wieder;
Der nächste Sturm
Schlägt eine Tür fest zu.

September – endlich
Sitze ich, wenn auch allein,
Auf dem Balkon
Im warmen Sonnengold.
Da bild' ich mir halt ein,
Der Winter käme nie –
Altweibersommerabendlang.

altweibersommer

die sonne prallt
mit trügerischer glut
auf noch einmal
entblößtes fleisch

die haut
dick gecremt
lässt sich mit dem welken
noch zeit

sommerfäden
spinnen
illusionen

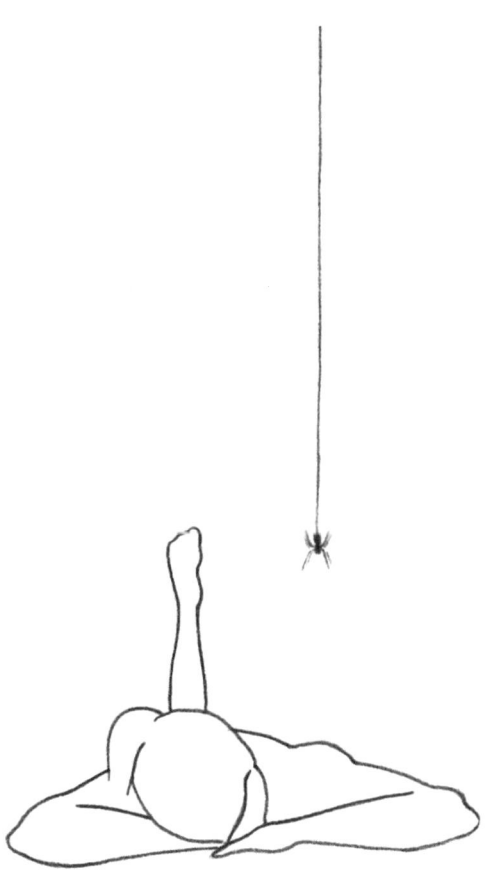

Stürmische Sommernacht

Neunmal verbrennt der Mond
bevor vergangen eine Stunde,
streut Feuerschein und Aschefetzen
über Wolkenweiß.
Die Regenflut reißt Zweige von den Bäumen,
wirft sie als Strandgut in den Rinnstein, während
Sirenen rufen: Jemand ist in Not!

Der schwarze Horizont, so unerreichbar nah,
liegt da wie Kopf und Schultern eines Riesen,
dem plötzlich zucken Blitze auf sein Haupt wie
Schläge,
sekundenlang erhellend Gebirge, Wald und
Dorf,
gefolgt von Donner, der sich wirft
von Berg zu Berg bis an mein Haus
und schüttelt meinen Körper bis ins Hirn.

Auf einmal weiß ich: Dieser Riese war ein
Trugbild,
so wie der Horizont nicht immer schwarz.
Im Tageslicht werd ich morgen ihm
entgegengehen,
heraus aus meiner Not auf meinem eig'nen Weg.
Wenn auch der Sturm mich manchmal beugt,
bleib' ich nicht liegen.
Ich kann und werde Festland
und kein Strandgut sein.

Campus-Jahreszeiten

Für meine ehemalige Arbeitsstelle,
die Westsächsische Hochschule Zwickau

I

Über die ersten gefallenen Blätter
Rascheln suchende junge Füße.
Begrüßt vom „Glück auf!" überm Eingang der Aula
Reihen sich erwartungsvolle Augen,

Blicken bald schon durch beschlagene Scheiben
Auf von eng bekritzelten Blättern
Und zwinkern, mitten im Geschäftsbrief auf
Englisch,
Lächelnd den ersten Schneeflocken zu.

Sind die ersten Semesterferien vorbei,
Sehen sie täglich das Grünen der Birken.
Ein künftiger Geschäftsführer klaut einen Zweig
Für das blonde Mädchen im Sprachlabor vor ihm.

In sengender Julihitze brüten die Köpfe
Vor den ersten Prüfungen in Mathe und Jura
Über Gleichungen und Paragraphen,
Bis die Arbeitsblätter Grasflecken haben.

Wenn sie im nächsten Herbst wiederkommen
Auf den schon vertrauteren Wegen,
Riecht ihnen das frisch beregnete Laub
Wie noch niemals so satt.

II

Mit dem neuen Arbeitsvertrag in der Tasche
Atmet der Herbst sich wie Frühling,
Schmilzt erster Raureif am Morgen
Im Lampenfieber dahin.

Wenn kahl sind die Birken vorm Fenster
Und die erste Unterrichtsstunde misslungen,
Kann sie nicht kühl bleiben wie auf der Wiese der
Schnee.
Doch der Eingang zur Aula sagt ihr „Glück auf!"

In den Semesterferien sprießen zaghaft Ideen
In der ersten Wärme der Sonne am Schreibtisch
Über dem Stapel der Prüfungsarbeiten,
Damit die zweite Klausur besser wird als die erste.

Wenn die Sonne am höchsten steht überm Campus
Gibt sie noch einmal alles,
Bis auch sie leer ist wie die Innenhöfe
Wo sie ihre ersten Studenten verabschiedet hat.

Wenn sie im nächsten Herbst wiederkommt,
Die Erwartung in jungen Augen zu sehen,
Verwehen im Fallen der Blätter im Wind
Viele der Fehler und Zweifel vom Vorjahr.

Jahreszeiten – zweite Hälfte

Am letzten Tag der Sommerzeit
ist schon längst Herbst mit frühem Frost,
obgleich die Luft wie Frühling riecht,
solange man nicht allzu nah
der braunen Blätter Fäule kommt.

Am ersten Tag der Winterzeit,
obgleich des Abends Helle ward verkürzt,
erstrahlt trotzdem der Sonne Licht
genauso lang auf Strauch und Baum
voll süßer Früchte prall und reif.

Wenn aber doch, so wie vergangnes Jahr,
der erste Schnee schon fällt auf buntes
Laub -
bricht wieder dann zu früh der Winter ein?
Doch – schaut hinaus – wir haben Herbst ja immer noch:
Wir wollen pflücken die Früchte und trinken den Wein.

Die Krähen sind wieder da

Wir sehen schwarz
Ihr Gefieder glänzen
In der blassroten Sonne
Wenn sie zarte Grashalme picken
Aus dem frisch gesäten Rasen.

Wir hören genervt
Ihre missmutigen Schreie
Wenn sie den Unrat
Aus den Papierkörben werfen
Auf den frisch gefegten Gehweg.

Doch wir lächeln
Wenn wir durch den Nebel gehen –
Denn wir wissen, die Wiese
Vor dem abgerissenen Hochhaus
Wird grünen.

Oktoberschnee

Nach späten Sommertagen
Plötzlich Schnee auf herbstgefärbten Blättern
In verfrühter Wintersonne
Unwirklich strahlend schön

Wenn ich nur malen könnte
Festzuhalten dieses Bild für länger
Als die Natur erlaubt
Es immer wieder anzuseh'n

Die Blätter wollen vor der Zeit nicht fallen
Sie halten tapfer Stand der Kälte Last
Doch auch die Flocken schmelzen
trotz der Sonne nicht

Für eine kurze Frist
wird dieses Gleichgewicht nur bleiben
Das farbenfrohe Bild
kann nicht für immer fortbesteh'n
Einmalig – so wie nur der Herbst des Lebens schön

Zwischen den Jahren

Die Tage zwischen den Jahren
Empfinde ich zuweilen
Wie Aufenthalte
Auf langen Reisen.

Zwölf Tage
Auf dem Weg,
Abschied nehmend
Voll Wehmut von dem,
Was gewesen,
Erinnerung dankbar bewahrend.

Zwölf Nächte
Voll Sehnsucht nach Ruhe
Getrieben von Träumen
Und unruhigem Bangen
Vor so viel Fremdem,
Das mir könnte begegnen.

Doch jeden neuen Morgen
Erwache ich wieder
Mit Vorfreude auf das Neuland,
Das ich voller Vertrauen betrete
Mit offenem Blick
Und sicheren Schritten.

So komme ich an
An jedem der Tage
Zwischen den Jahren
Immer wieder bei mir.

Lebens Winter

Auf schmerzenden Füßen unsicher tapsend,
gehe ich die eiskalten Wege hinunter ins Tal.
Die Knie, zitternd vor Angst vor dem
endgültigen Fall,
leiten ihren zagenden Rhythmus ins stolpernde
Herz.

Das Blut, nicht mehr so heiß wie in der Mitte
der Jahre,
zwängt sich durch verengte Gefäße in gerötete
Ohren,
die aus bedrängtem Brustkorb das Keuchen des
Atems vernehmen.
Ich trage so schwer an mir nicht nur gemessen
als Zahl.

Ich trage mit mir die Spuren unzähliger Kämpfe.
Die Lasten, die ich aufnahm, haben meinen
Rücken gebeugt.
Tränen, so oft unterdrückt und geschluckt,
machten mich heiser.
Sehnsucht nach Ruhe lockt wie verbotene
Frucht.

Warum nur verbietet nicht einer den Blumen
das Welken?
Weshalb darf Laub sich verfärben, bevor zur
Erde es fällt?

Wieso gibt es keinen Protest, wenn im Waldsee
das Wasser gefriert?
Oder hat etwa jemand den Schneefall gebannt
per Dekret?

Warum also soll nicht auch ich endlich
langsamer gehen,
auf Krücken mich stützen, spazieren auf ebenen
Wegen,
und zuletzt, ruhig atmend, auf einer Parkbank
rasten im Tal?

Ein neuer Frühling, den ihr, mich überholend,
betretet, gehört euch allein.

Mit(-)Menschen

An Jonathan

Zu dem Bild von Siegfried Wagner
„Der kleine Jonathan"

Bleib wie du gezeichnet:

In Linien schlicht und weich
Ohne Zierrat der wirbt
Um hohles Prestige

Nur leichter Schwung
Dein Mund ein heitres Lächeln
Deine Arme kaum sichtbar
Gelassen
Und doch so stark

Dein Blick
Uns mitten ins Gesicht
Klar und voll Vertrauen.

Bewahren wollen wir's

Auf Deutsch gesagt

Zu dem Bild „**Two donkeys**" von Nadja Fehr

Ich bin rot –
Du bist blau.
Du bist ein Mann –
Ich eine Frau.
Warum sind wir nicht
Grün und rot?
Dann wär' viel kleiner
Unsre Not!
Oder passt zu Deinem Blau
Dir besser eine
Gelbe Frau?
Ich steh vor Dir,
Dich nicht zu sehen,
Will von Dir weg,
Kann doch nicht gehen,
Du hinten
Schaust an mir vorbei,
Und ich vor Dir
Geb' Dich nicht frei.

So steh'n wir da
Und woll'n doch laufen
Runter zum Bach
Und Wasser saufen
Um dann weit fort
Von hier zu wandern
Zu suchen jeder
Einen andern
Zu zeugen uns
Ein graues Kind …

Wir tun's nicht –

weil wir

ZWEI ESEL

sind!

Endzeit

In der Kälte der Nächte
Nach zerschwiegenen Tagen
Driften wir auseinander
Wie die Erdteile einst

Bis unsere heile Welt
Im lautlosen Urknall
Zerstoben ist -
Heillos.

Woman at the Pub

Old among the young
Who all have someone
To talk to.

Sipping the wine
And sucking the smoke
Of surrogate life –
Feeling odd ...

She came here
For the warmth
Of a candle.

Sooo tugendhafte Leute …

Herr G. sagt zu seinem kleinen Sohn:
„Wohlstand ist der Bescheidenheit Lohn.
Du brauchst nur wenig Geld in den Taschen
und auch nicht immerzu etwas zum Naschen.
Wenn wir sparsam sind, können wir in ein bis
zwei Jahren
ein viel größeres und schöneres Auto fahren."

„Seht, was für ein großzügiger Mensch ich bin:
Mein Name steht heut' in der Zeitung drin,
denn ich, der Herr E., hab eine große Summe
gespendet,
die wird für ein Krankenhaus in Nepal verwendet.
Nur das Finanzamt hat dabei gar nichts zu
lachen,
denn die Spende kann ich steuerlich geltend
machen."

Frau N. tratscht mit der Nachbarin im
Treppenhaus:
„Die Meiern sieht immer wie ein Topmodel aus.
Und ein neues Segelboot haben schon wieder die
Schmidts – bei denen zählt wirklich nur der Besitz."
Doch in der Nacht seufzt sie dann schlaflos im
Bette:
„Wie schön wär's, wenn ich das auch alles hätte!"

Herr F. steht vorm Supermarkt in Jogginghose,
trinkt mit seinen Kumpels Pils aus der Dose
und sagt zu ihnen: „Ich brauch' kein Auto und auch
kein Haus,
komm' ohne Markenklamotten und sonstigen Luxus
aus.
Hauptsache, ich hab' was zu essen und täglich mein
Bier.
Man kann ganz gut auskommen auch mit Hartz
Vier."

Die Dichterin W., die euch dieses erzählt,
hat sich beim Reimen redlich gequält.
Geduldig saß sie am Schreibtisch viele lange
Stunden,
bis sie zündende Ideen und passende Worte
gefunden,
zerknüllte Zettel für Zettel voll Ärger und Groll;
lang bevor ihr Text fertig, war der Papierkorb längst
voll.

*(Hinweis für die Leserinnen und Leser: Ähnlichkeiten
der Protagonisten dieser Verse mit lebenden oder
verstorbenen Personen sind nicht zufällig, sondern
kommen durchaus häufiger vor. Die Anfangsbuchstaben
stehen allerdings nicht für die Namen von Menschen,
sondern für die hinter scheinbaren Tugenden tatsächlich
versteckten sündhaften Verhaltens- und Denkweisen.)*

Countdown

Noch fünf Minuten bis zum Auftritt.
Mein Text sitzt
so wie Kostüm und Make-up
der Rolle entsprechend.
Schweiß bricht aus.
Gleich starren alle mich an.

Noch vier Minuten.
Die Knie beginnen zu zittern.
Was, wenn sie lachen,
weil ich stolpere, falle,
gar nicht mehr aufstehen kann
da vorn ganz allein?

Noch drei Minuten.
Wieder dieser Schwindel im Kopf.
Was, wenn das, was ich sagen will,
nicht zu ihnen dringt? Oder können sie doch
hinter dem festgeschriebenen Text
die Wahrheit der Nachricht entschlüsseln?

Noch zwei Minuten.
Nun auch noch dieses Ziehen im Magen,
diese Sehnsucht nach Beifall am Ende.
Wie schlecht mir ist soll keiner wissen.
Ich lass' es nicht sehen –
The show must go on.

Noch eine Minute - dann Auftritt.
Das Herz dröhnt in den Ohren
als wolle es bersten.
Ich straffe Rücken und Knie, betrete
den Hörsaal.

„Good morning, everybody".

In die andere Sprache geschlüpft
wie in eine Verkleidung,
sendet mein Herz seine Botschaft
ehrlich und wahr.

Ein leerer Platz

(Zum Andenken an meinen ehemaligen Studenten Patrick)

Nach vier Semestern und einer Party
hinterm Wohnheim
gingen auch sie wieder fort für ein Jahr.
An unseren Wänden hängen Ansichtskarten
und Fotos
aus Paris, Madrid, Peking, Havanna, Taipeh …

So wissen wir, dass sie dort an uns denken
und freuen uns auf den kommenden Herbst
wenn sie, durch neue Erfahrung und
gewachsenes Wissen gereift,
mit ihren Stimmen wieder die Hörsäle füllen.

Bestimmt haben einige wieder beim
Englischsprechen
näselnden französischen Akzent oder rasendes
spanisches Tempo,
andere eine neue Haarfarbe, Frisur oder Art
sich zu kleiden
oder nicht mehr die Liebe von vor
anderthalb Jahren.

Der Platz neben Alex bleibt leer.
Patrick kommt nicht mehr zurück.
Sein Herz trug ihn nur bis Shanghai.

Der Dichterin Dilemma

Sie geht hinein.
Die Tür macht sie nicht zu.
Sie weiß genau:
Er macht sie wieder auf,
Will keine Trennwand
Zwischen ihm
Und ihr.

Ihre Welt hier drin
Stumm fließende Gedanken –
Unsichtbar noch,
Solang nicht auf Papier.
Seine Welt dort draußen
Geräuschvoll im Fluss
Von sichtbarem Tun.

Er sieht, wie sie
In die Luft starrt,
Ab und an ein paar Worte aufschreibt
Und manchmal gleich wieder ausstreicht.
Sie sieht es nicht gern,
Sieht er ihr über die Schulter,
Und hofft, er kann warten – auch diesmal.

Liebeserklärung

(ins Medaillon für U.)

DU
Meine Geliebte
Andersartige,

An dir
Lerne ich
Lieben
Was ich
Schon ersticken wollte

In mir.

Bitte an einen Freund

Bau mir eine Brücke
aus Blicken,
die nicht durchbohren.
Die aber offen sind
für all das,
wozu die Sicht mir verbaut.

Bau mir eine Brücke
aus Worten,
die nicht verletzen.
Zeig mir den Weg
über den Strudel
der Gefahren in mir.

Bau mir eine Brücke
aus deinen Händen.
Lass mich durch deine
meine Kraft wieder spüren,
über tosenden Fluten
zu halten auch dich.

Sic est labor poetae

(So ist die Arbeit des Dichters)

Seele

Im

Chaos

Erschüttert von den Kämpfen der Welt und des eigenen Ichs

Schreibt des Dichters Hand Worte anstelle von

Taten mit praktischem Nutzen. Ist das wirklich genug?

Labo(u)r auf Englisch heißt auf Deutsch auch ‚Geburtswehen' oder

Arbeit. Auch der Dichter will etwas zur Welt

Bringen. Unter Schmerzen gebiert er ein Gedicht und hofft, wie eine Mutter, dass dieses Kind nützlich sei der Welt und den Menschen.

Oft zweifelt er an der Kraft seiner Nachricht,

Ringt um die Treffsicherheit seiner Worte, die sein sollen wie

Pfeile,   die in der Welt das Böse
zerstören

Oder   das Gute in den Herzen wieder

Erwachen   lassen und ermutigen zu

Taten,

Arbeit,

Erneuerung.

Zwiesprache mit einem Denkmal

Steig vom Sockel, Held!
Komm, setz dich her zu mir.
Mach dir's nur schön bequem –
das Gras ist weicher als Granit.

Erzähl mir aber nichts
von allen deinen Siegen.
Die stehen in den Büchern und im Netz.
Ich stell' dir lieber indiskrete Fragen.

Erzähl mir von der Angst vor jedem Kampf,
die frei zu zeigen du dir jedes Mal versagt,
auch von den Schmerzen,
wenn ein harter Schlag dich traf,
und wer dir half,
dass deine Wunden sind geheilt.

Hab keine Angst – ich erzähl es keinem weiter,
will nur für mich von dir ein wenig Mut.
Stehst du dann wieder oben,
weiß ich ganz allein,
wie tapfer du gekämpft und blicke auf zu dir.

Am Abgrund der Seele

Am Fenster zum Herzen

Am Fenster zum Herzen
öffne ich die Vorhänge weit –
trotz der Angst vor den Augen,
die in so mancher Kammer
Chaos und Dunkel erspähen,
weil ich hoffe, dass irgendwann
auch ein Lichtstrahl von mir
bis zu ihnen hinaus
in die Nacht dringt.

Ambivalence

Slow reluctant steps toddling on shaky feet
HAVE TO GO ON drumming in the brain
Glances undecidedly dangling

Up and down, left and right,
Right and left, down and up,
Between finite earth and infinite space
Between the resting in death with their names
carved in stone
And the rushing anonymous struggling for merit
in life
Between heaven and sky or rather
Between icy road and purgatory?

The partition narrow and ramshackle
Not meant to bear me yet stronger
Than I am to bear my weak self

Balancing on the graveyard wall

Depression

Gedanken trübe
Nebelschwaden
Gefroren zu Raureif
Am kahlen Geäst
Der Seele

Der Doktor verschreibt
Zwei Kapseln täglich
Mogelpackung
Gegen den Tod

Das reicht
Für ein paar Schritte
Zum Fenster und
Einen warmen Hauch
Gegen die blinde Scheibe

Ich grüße
Den blattlosen Baum
Vor dem Haus:

Im Frühjahr, mein Bruder,
Wird es uns beide noch geben –

Doch Winterzeit dauert.

Fachkrankenhaus für Psychiatrie

Unter alten Kastanienkronen,
vorsorglich eingezäunt,
sitzt die Trauer im Kreis.

In stockenden Worten
schreien zum Himmel
die Albträume der Nacht.

Ängste in Turnschuhen
laufen davon
vor sich selbst.

Und tagtäglich beobachtet Misstrauen,
versteckt hinter Backsteingemäuer,
das Grünen der Zweige...

Sind die Blüten längst abgeworfen,
lugt Hoffnung
aus platzenden Stachelkugeln.

Besuch bei Opa

Er ist jetzt im Heim.
Wenn Oma kommt,
fragt er,
wann er nach Hause kann.

Wenn die Tochter kommt,
fragt er
nach der Katze.
Sie lächelt, erzählt
von Katze und Kindern -
will vergessen,
was er ihr getan.
Oma ahnt nichts.

Sie gibt ihm
einen Kuss,
wenn sie geht.
Es könnte
der letzte sein.

Übergewicht

Ich
Trage schwer
An mir.

Wie schwer
Soll niemand sehen.
In weites Schwarz gehüllt,
Umrahmt von prallgefüllten Taschen
Mit Büchern und Ordnern aus dem Büro,
Pausbäckig lächelnd verkleidet als Arbeitstier,
Bis nach Verlöschen der Beleuchtung die Tarnkappe fällt
Und die erdrückenden Worte **Du taugst zu nichts!** hallen bis in den Albtraum,
Verjagt nur von allzu frühem Erwachen aus Angst vor dem Tag,
Doch wieder begonnen mit allzu reichlichem Frühstück,
Das gibt gerade genug Kraft für den aufrechten Gang
Unter den kritischen Blicken dieser „Normalen"
Um weiter zu tragen die Lasten,
Die ich noch immer nicht
Abwerfen kann.

Ich trage
Schwer
An mir.

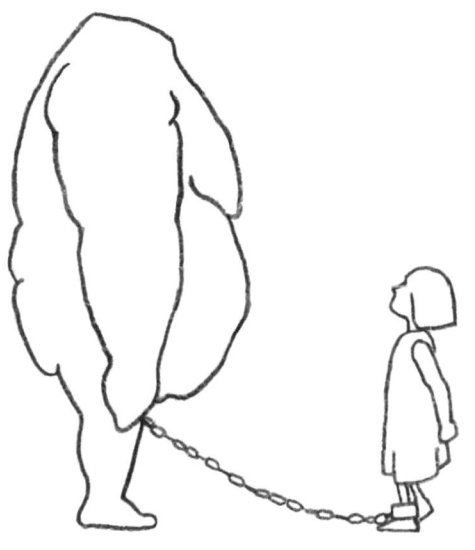

Corpus meum et ego

Mein Körper und ich

Wer hat das Schwert der Feindschaft zwischen uns geschlagen?
So stark zerstörend kann kein Einzeltäter sein.
Es brauchte viele lange Jahre und auch viele Hände,
um uns – einst eins – so grausam zu entzwei'n.

Da war, als ich ein Kind und du noch klein,
der Mann, der dich als Spielzeug für sich sah,
bis ich voll Angst und Scham Signale durch dich sandte,
die jedem sagen sollten: „Komm mir nicht zu nah!"

Noch immer höre ich das Schimpfen und das Lachen,
als ich im Sport so oft als Letzte kam ans Ziel.
Du machtest es mir schwer, dich unbeschwert zu tragen,
da ich, so wie du aussahst, niemandem gefiel.

So konnt' ich es nicht lassen, weiter dich zu füttern
Zu trösten mich, zu tanken Kraft und Mut
zu zeigen dich und mich vor all den „Normgerechten"
als eine, die im Leben kaum zu etwas gut.

Ich wollt' mich wehren gegen den „Versager",
versuchte, freundlich, nützlich, klug, sogar genial zu sein.
Vergessen können wollt' ich dich, am liebsten nicht mehr sehen.
Das machtest du nicht mit, und jeder blieb allein.

Mein Zorn auf dich war groß: Ich beschimpfte dich als Monster.
Du übtest Rache, sandtest Schmerz und Krankheit mir.
Ich wurde immer schwächer für den wahren Kampf des Lebens,
denn meine Kraft verschlang der Streit mit dir und mir.

Zumindest ich will aus der Hand das Schwert nun legen.
Verzeih mir, denn ich weiß jetzt: Du kannst nichts dafür,
dass beiden von uns nicht das Schicksal immer freundlich.
Doch es gemeinsam und einander tragen wollen endlich wir.

Ungeweinte Tränen

Ungeweinte Tränen
Tropfen
Nach innen
Erstarren
Zu Stein
Bis weißbekittelte Männer
Mit sterilen Messern
Sie herausschneiden –
Vorwurf im Blick.

Oder
Sie fließen
Freigelassen
In Worten
Auf Papier.

HILF – LOS …

Sitz' nicht so gnatzig 'rum!
Was ist denn mit dir los?
Du starrst nur vor dich hin
Wie ein Trauerkloß.

Frisst alles in dich 'rein –
Das Essen wird schon knapp.
Ich verdiene doch nicht viel -
Iss weniger – nimm ab!

Sei bescheiden zum Geburtstag.
Du brauchst kein neues Kleid.
Die kleinen Brüder wachsen
Viel schneller – tut mir Leid.

Jetzt schau mich nicht so an -
Geh endlich 'raus und spiel'.
Warum bist du so anders?
Das wird mir bald zu viel!

Entleibung

Bis hierher
Und nicht weiter
Den Schmerz und die Schwere
Geschleppt

Starten
Schon fast ohne Mühe
Durchbrechen
Die Zimmerdecke
An der man doch
Verharren soll
Sich liegen zu sehen
In Ohnmacht

Schwerelos schwebend
Umspanne ich
Kontinente
Zeitalter
Generationen
Empfange
In Laute und Buchstaben
Aufgelöst
Botschaften
Stelle meine Fragen
In alle Weiten
Des Kosmos

Der schickt mir
Auf Buchseiten
Oder den Bildschirm
Gebündelt
Antworten
Und neue Fragen
Sie weiter zu tragen
In die Welten
Der Wissen-Wollenden
Da meine Stimme
Ihre Bänder vergisst
Und ich wieder
Auf die Suche
Gehe ganz fußlos
Bis letztendlich
Die Erde mich einholt

Nun doch
Kurzer Aufenthalt
Unter der Zimmerdecke
Grausame Draufsicht
Auf dieses ohnmächtige Ding dort
Rückkehr der Schwerkraft
Herunterfahren
Bis morgen

Orientierungslos

Als Kind schon entwurzelt,
weil nicht gewollt bereits vor der Geburt,
findet es oft nicht den Weg
durch die Stadt, die doch gar nicht so groß.

Auch später im Leben noch schlägt es
mehrmals den falschen Weg ein,
landet, von unechten Freunden verführt,
im finsteren Abgrund der Irre.

Wo bleibt das Licht aus dem Dunkel,
wo eines wahren Freundes helfende Hand,
es zu begleiten zu wurzeln in nährender Erde,
wo es aus sicherem Stand hervorbringt gesündere Saat,
die sich aufmachen kann auf einen zielsicheren Weg?

ich falle auf ich ecke an ich bin verquer
entspreche in so mancher hinsicht nicht
der norm
sie sagen oft von mir ich krieg nichts in
den griff
und mehr als meine figur geriet mir aus
der form

ich lehn mich ab und würd am liebsten mich
verstecken
da helfen nicht klamotten schmuck und tünche
im gesicht
krampfhaft mach ich mich nützlich für ein
 wenig anerkennung
doch leistungsfähig schön und cool das bin ich
nun mal nicht

wenn ich dann wieder einmal müde bin
vom kämpfen
spür ich dem schmerz in meiner seele nach und
schreib ihn auf
so dass sich jemand der mir ähnlich nicht allein
fühlt
und dafür nehme ich den eignen schmerz
in kauf

Kosmetik

Fremde junge Hände
Streicheln
Pflichtgemäß
Für acht Euro fünfzig pro Stunde
Um einen doppelt alten Mund

Nur um Platz zu schaffen
Für neue Spuren
Von Bitterkeit

Während

In der Stadt ein Haus
Mit frisch geputzter Fassade
Einstürzt

Und die Experten sich
Unklar
Ob Verschleiß
Oder Fehlkonstruktion

Ausschweigen

SUCHT sucht ...

Sucht sucht vielleicht einfach
Immer nach etwas mehr
Von dem woran es ihr mangelt

Vielleicht etwas mehr Wärme
Wenn sie sich eingießt den Schnaps

      Vielleicht etwas mehr Wohlstand
      Wenn in den Automaten Münzen sie wirft

Vielleicht etwas mehr volles Leben
Wenn sie den Magen sich stopft

      Vielleicht etwas mehr Ruhe
      Wenn die Tabletten sie schluckt

Vielleicht ein ganz anderes Ich
Wenn sie die Spritze sich setzt

Sucht sucht ...

Verschüttet

Abgestürzt
Jäh in die Tiefe
Sehe
Ich lang nichts
Als Dunkel
Höre die lautlosen
Schreie
Die keiner sonst hört
Außer mir
Fühle
Wie marodes Gebälk
Einstürzt
Hinter blanker
Fassade

Weiß nicht
Wie lange
Ich lag
Frierend am Boden
Des Schachts
Bis
Zögernd
Ich antworte
Auf die Klopfzeichen
Derer die ahnen
Wo ich noch bin
In der Gnade
Einer Luftblase
Bis sie
Mich holen

Langsam
Steigt
Der Förderkorb
Ans Licht
GLÜCK AUF
Grüßen mich die
Die lange schon
Warten

Ich habe
Ein Stück
Schwarzes Gold
In der Hand
Uns zu wärmen
Wenn wieder
Kälte uns droht

SOS

Notsignale
Verhallen ungehört.

Millionenfach verwirrt,
Verzerrt durch die Scham
Der hilflosen Stimme,

Kommen nur wenige an
In gut geschützten Ohren
An stets zum Grinsen bereiten Gesichtern.

Die Tränen des untergehenden Schiffes
Inmitten der unendlichen Wasser
Sieht nicht einmal Gott,

Und die Menschen deuten
Auch noch die allerletzte Leuchtkugel
Als Festfeuerwerk.

So sank sogar
Die große, stolze Titanic.

Lebens-Wende-Punkte

Aufenthalt

Der vermeintliche Adler
Gestrandet
Im Niemandsland
Waffenruhe
Zwischen dem Wunsch
Frei zu fliegen
Und der Pflicht
Zu jagen nach Beute
Für eine Gnadenfrist
Da er selbst
Zu schwach
Sogar für den Rückflug
In den Horst.

Jemand
Hebt ihn hoch
Bringt ihn weg
Verbindet ihm
Die gebrochenen Flügel
Die ihm heimlich wurden gestutzt
Setzt ihn ab
In ein Gehege
Wo er durch Stäbe
In ein Stück von Welt blickend
Nachdenken kann was nun
Mit ihm wird was er war
Wer er ist?

Baustelle

Die Geräte stehen bereit
Zum Beräumen des Wracks.
Ein Zaun und ein Schild
„Für Unbefugte Zutritt verboten"
Schützen noch brauchbare Teile.
Experten beraten wie es geschehen
Dass dieses stabil erscheinende Haus
Einbrach in so kurzer Frist.

Trupps von Helfern entrümpeln
Die düsteren Räume und Keller.
Wenn sich auch Ziegel und Balken
Polternd und knarrend noch wehren
Liegt bald ein Haufen von Schutt
Aus unnützen Wänden und Stützen
Hinter einer dichten Wolke aus Staub
Zum Ärger so mancher reinlicher Nachbarn.

Die Baustelle: ich –
Meiner Seele verbautes, sperriges Chaos.
Langsam beginnen die Bagger zu graben,
Tragen ab Schicht für Schicht Schlamm und Geröll
Bis nach endlos erscheinender Zeit
Tief auf dem Boden der Grube
Ein Fundament wird gegossen
Für ein neues bewohnbares Haus.

Mit der Seele baumeln...

Zwischen einer selbst gedrehten Zigarette
und einem Becher voll Wein aus der Tüte
hängt dieses schwere Ding
am seidenen Faden –

schwingt sich,
zaghaft erst noch,
mit den kraftvollen Klängen des Freiheitschores
aus dem plärrenden Kassettenrekorder
über die Brüstung des kleinen Balkons
hinauf zu den Sternen.

Wer – so frage ich uns –
spricht da noch
von Gefangensein?

Auf der Klippe

Zögernd
Auf der Klippe im Sturm

Abgebrochen alle Brücken
Habe ich

Noch Angst:
Was wenn

Ich mich nicht
In einen Fisch
Verwandle?

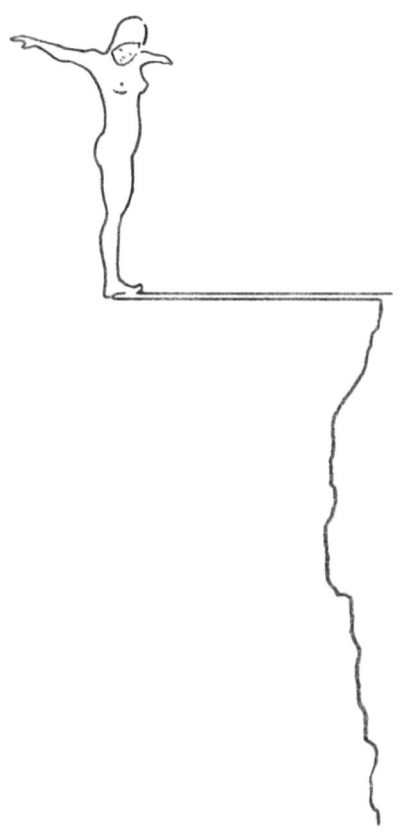

Ich habe das Singen verlernt

Ich habe das Singen verlernt.
Durch verkrampfte Kehle
Und zusammengebissene Zähne
Strömt keine Melodie mehr
Klangvoll und frei
In die Seelen derer,
Die bereit wären zu hören.

Doch trotzig stampft mein Herz
Im Rhythmus meiner Verse.

Vergessener Traum

Zu dem gleichnamigen Bild von Michaela List

Du gehst
Weil nur ein Tümpel blieb
Vom See
Der Meer Dir war.
Du fuhrst
Zu fernem Strand auf ihm
Im Traum
Manch Jugendjahr.

Du glaubst
Der Tümpel trocknet aus
Was bringt
Ein Traum dir schon?
Du gehst
Mit schnellem Schritt davon
Aus Furcht
Vor Spott und Hohn.

Du bliebst
Nicht lang genug im Wald
Halt ein
In deinem Schritt!
Kehr um
Zum feuchten Gras am Teich
Und nimm
Dir Blumen mit.

Bald wieder ist Ball...

Geschwind, ganz ganz heimlich
Eine glänzende Robe
Gestreift übers staubige Kleid
Die Zehen gezwängt
In glitzernde Schuhe
Blut ist in Wahrheit nicht nur
An den Füßen der Schwestern

ja

Versteck dich, verstell dich
Lass nichts von dir sehen
Soll dich ja keiner erkennen und wirklich
Alle meiden sie dich denn
Gleich und Gleich
Gesellt sich zu Ungleich
Nur ungern

so

Komm doch, tritt mutig
Hervor hinter der schützenden Säule
Wirf ab die Verkleidung
Schau in den Spiegel und
Sieh dein Gesicht an
Dann mach dir dazu
Ein eigenes Kleid das dir passt

oder

Träum weiter, träume vom rettenden Prinzen
Du arme Princindacessrella
Solang du sie kannst noch ertragen
Die dich verachten benutzen verraten
Der nächste Ball findet statt
Ganz sicher bald wieder
Auf deinem Vulkan

Verunsicherung

Zischend und pfeifend
Sirenengesänge.
Buchstabenknallend
Treffen die Worte
Wie Pfeile auf mich.

Schwefelgeruch
Verbrennender Träume
Lässt mich dann endlich
Die Augen aufreißen,
Sehen die Menschen,
Die tanzen um mich,
Spüren im Innern
Das Vibrieren der Erde
Und stampfenden Fußes
Der Gefahr nicht mehr achten.

Stille – ich lausche
Mir selbst voll Vertrauen,
Bis ich weiß:
**Diese Erde
Kann tragen auch mich.**

Zeitverschiebung

Ein wenig wie Weihnachten mitten im Sommer,
So wie damals, als das Kind am Abend sich freute,
Am Morgen Besitz zu ergreifen von den neuen Geschenken.
Auch heute noch mag es am liebsten die Bücher,
Manche auf dem Deckblatt mit Wünschen beschrieben.

Verabschiedet in eine neue – die letzte - Zeit meines Lebens,
Bleibt eine kurze Frist mir noch zu verharren
Zwischen buntem Erinnern an das, was vergangen
Und den weißen Flecken vor mir, die schon warten,
Wie das weiße Papier auf die Schrift meiner Hand.

About Taking Leave

Leave with a smile
and quietly close the door.
Do not allow
to tumble down
what you will leave behind.

Look back just once.
Don't mourn,
but do remember.
Make part of you
what is no longer yours.

Then look ahead.
Step firmly on the road
not taken yet
by any person
inside you.

If so prepared,
stand up
and press the handle.
Leave with a smile
and quietly close the door.

Vom Abschiednehmen

Geh lächelnd fort.
Ganz leise schließ die Tür,
dass einstürzt nicht
die Welt,
die du verlässt.

Schau einmal noch zurück,
damit du
dich erinnerst.
Was dir nicht mehr gehört
Werd' jetzt ein Teil von dir.

Dann schau nach vorn.
Betritt mit festem Schritt
die Straße, die noch nicht begangen
von einem Menschen,
der in dir.

Bist du bereit?
Dann steh auf
und drück die Klinke.
Geh lächelnd fort
und leise schließ die Tür.

Schränke und Schranken

An den Türen
Spiegel.
Dahinter
Bügel.
Darauf – Schulter an Schulter
Oder Bein an Bein –
Verhüllungen;
Die müssen sein.

Türen auf,
Bügel raus,
Verhüllung ab – und an,
Dann wieder aus,
Gleich wieder drauf
Und wieder rein.
Bin das denn ich?
Das kann nicht sein!

Ohne Verhüllung
Bleibst du hier,
Kommst höchstens
Bis zur Wohnungstür.
Dort versperrt eine Schranke
Den Weg in die Welt.
Du bleibst einsam,
Wenn dir keine Verhüllung gefällt.

Tritt vor den Spiegel,
Schau dir ins Gesicht.
Die Wahrheit bist du,
Die Verhüllung nicht.
Geh hinaus und zeig dich,
Denn es waren die Schranken
Statt an Spiegeln und Türen
Nur in deinen Gedanken.

Stadtbummel

Die Bockwurst stopft
Das Loch in der Seele
Nur kurz.

Auch ein neues Kleid
Bringt nicht viel.
Du weißt es längst
Und probierst doch immer wieder
Vor hundert Spiegeln
Suchend...

Jetzt geh!
Kauf dir einen Ring!
Verlobe dich
Mit dir selbst!

Bitte um Verzeihung

DU
Mein Leben

Wie oft
Hasste ich dich
Wie oft
Habe ich dich
Nur unter Schmerzen getragen
Habe dich
Manchmal sogar
nicht mehr gewollt
Wenn du mich geworfen
Weit hinaus an den Rand
Bis ich
Beim mühsamen Aufstehen
Nach einer Weile
Gras und Blumen sah
Und etwas später
Dann auch
Endlich
Wieder den Himmel

Mein neuer Reim auf alte Erzählungen

Schlafes Schwester

(geschrieben nach der Lektüre des Romans
„Schlafes Bruder" von Rolf Schneider)

Schlaflos stehst du,
Schlafes Schwester,
nachts am Fenster
deines Turmes,

wartend nachzuholen
in der Hast des Tages
nichtgelebtes Leben.

Dein so früh gestorbner Bruder, Schwester,
hatte die Musik
und eine große, unerfüllte Liebe
und einen Freund
getreu bis in den Tod.

Du aber, Sehnsucht,
Schlafes arme, unruhvolle Schwester,
hast nur deinen Traum –

und wagst ihn kaum?!

Albatross Effect

*According to a motif
from the ballad
"The Rime of the Ancient Mariner"
by S. T. Coleridge*

Once a young mariner sailed to sea,
Yearning for still undiscovered land;
Followed by an albatross – a kindred spirit -,
Whom thus he nourished like his friend, his dream.

This brought him the good wind to the south
And led him out of cold and snow and ice.
For his heart was warm, and he had friends a plenty;
He did not fear hard work nor slender fare.

And yet – once, when he believed himself in want,
He shot the proud bird of his dream
That so oft had turned up his glance to heaven
Right through the heart to better feed his gut.

In a paralyzing cramp the albatross crashed down
Upon his neck with deadly force,
Bending his back in permanent embrace
Lest he forget the deed he never can undo.

The ancient man still sits there motionless,
On churches' doorsteps and in front of railway stations,
Trying to grasp casually discarded pennies
And staring down into his empty glass.

Der Fluch des Albatross

*Nach einem Motiv
aus der Ballade
„Der alte Seefahrer"
von S. T. Coleridge*

Ein junger Seemann fuhr hinaus aufs Meer,
Voll Sehnsucht nach noch unentdecktem Land.
Frei wie sein Geist flog stets mit ihm ein Albatross;
Ihn nährte er wie einen Freund, wie seinen Traum.

Der brachte ihm den guten Wind nach Süden
Und zeigte ihm den Weg aus Kälte, Schnee und Eis.
Sein Herz war warm, er hatte Freunde viel,
Scheute nicht die schwere Arbeit und die schmale Kost.

Und doch: einmal – er wähnte sich in Not –
Schoss er den stolzen Vogel; traf den Traum,
Der seinen Blick so oft gerichtet hatte himmelwärts,
mitten ins Herz zu nähren seinen Bauch.

Der Albatross stürzte auf ihn im Todeskrampf,
Umklammert' seinen Hals mit lähmender Gewalt,
Beugt' nieder seinen Rücken - lässt ihn nicht mehr los;
Denn nun bleibt nie mehr ungeschehen seine Tat.

Der Alte sitzt noch immer mit dem Fluch im Nacken,
In Bahnhofshallen und auf Kirchentreppen, regungslos,
Mit starrem Blick auf hastig hingeworfne Pennies
Und in sein immer öfter leeres Glas.

Zwiesprache mit Boudicca *

Da stehst du in London als Denkmal,
Die Kampfwagenzügel gespannt,
Als wolltest du gleich wieder loszieh'n,
Vertreiben die Feinde im Land.

Sie war'n damals stärker als du,
Haben dein kleines Volk überrannt.
Du nahmst auf dich die Schuld und die Strafe
Und starbst von eigener Hand.

Boudicca, du hast dich geirrt –
Ich weiß, Niederlagen ertragen ist schwer.
Doch wo dich die Römer einst schlugen,
Da herrschen sie lange nicht mehr.

Boudicca, jetzt gib mir die Zügel –
Auf den Kampfwagen steig ich zu dir;
Bin noch nicht für immer besiegt:
Will trotzen den Feinden in mir.

(* Königin des Volkes der Iceni auf dem Gebiet des heutigen England, die sie im Jahre 60 im Aufstand gegen die römische Beatzungsmacht anführte)

Email an Sisyphos

Zu dem Triptychon „Sisyphos" von Elisabeth Decker

Hi, Sis,
jetzt lass dich bloß nicht hängen! Blöder Spruch?
OK, auch schon öfters gehört + total genervt.
Schon Mist, wenn der verdammte Stein immer
wieder den Berg runterrollt. Kann dir mit deinen
Muckis nicht passieren, dachtest du? Vergiss es.
Runde Steine rollen nun mal. Und das große
Ding die ganze Zeit in der Hand halten kann
keiner. Also sitz nicht so sauer rum. Kopf hoch,
sonst siehst du nie den Horizont. Nach vorn
schauen. Auch blöder Spruch, so absolut. Dreh
dich lieber mal um und schau hinter dich: Dein
Berg spuckt Lava! DU hast den Stein ins Rollen
gebracht! Das Land wird fruchtbar, und du
kannst eine Stadt gründen. Du hast null Ah-
nung, wer noch alles über dich reden wird. So
wie wir hier an diesem WE. Also mach gefälligst
weiter. Ich glaub' an Dich.

Evi aus Zwickau/Deutschland
        (früher Germanien) ☺

Phoenix and Icarus

Do not forget
That Phoenix
Before he ascended from the ashes
Got burnt down on the ground
In agonizing pain
And that the youngster Icarus
Before his fall
Into the sea where his dream became extinguished
Joyfully tried out his wings – devoid of fear.

When I – PHOENICARUS -
A human - accidentally female -
So high up there ignite myself anew
My cry of fear
Before my destined crash
Will also bear the joy
In the trouble of the new flight
When I will be ascending from the ashes
As long as there's a tiny heart of heat.

Phoenix und Ikarus

Vergesst nicht
Dass der Vogel Phoenix
Bevor er aufstieg aus der Asche
Ganz unten auf der Erde
Qualvoll war verbrannt.
Und dass der Knabe Ikarus
Vor seinem Absturz
Als Feuerball ins Meer da er verlöschte
Die neuen Flügel freudig ausprobiert.

Wenn ich – PHOENIKARUS -
Ein Mensch - zufällig weiblich -
Dort oben an der Sonne
Immer wieder mich entzünde
Dann trägt mein Angstschrei
Vor dem Schmerz des Aufpralls
Auch schon die neue Lust
Am mühevollen Flug
Wenn aus der Asche wieder hoch ich steige
Solang in mir ein kleiner Rest von Glut.

Zeit-Geschehen

Wolgograd – Winter

Bei dreißig Grad unter Null
Stocken Atem und Blut
Auch Jahrzehnte danach
Da wir begreifen
Wie sie dort starben
In der entscheidenden Schlacht

Auf dem Weg zum Denkmal weit über der Stadt
Hören wir auch heute noch Kampfeslärm
Ruft Mutter Heimat mit erhobenem Schwert
Schwarz im Widerschein der Sonne am Morgen und
Leuchtend bei Nacht im Scheinwerferlicht
Als flöge ein Engel der Rache
An den Ursprung seines Leids durch die Zeit

Aber im Innern der Krypta
Beim Leuchten der ewigen Flamme
Auf die Namen in kyrillischer Schrift
Erklingt klagend und tröstend zugleich
Die Melodie eines Deutschen:
Robert Schumanns „Träumerei"

Nachkriegskind

Vaters Tornister
Bezogen mit rotbraunem Rosshaar
Verbeultes Blechgeschirr
Als Spielzeug

Stromsperre oft gegen Abend

Gruseln
Vor Männern in Gasmasken
Auf alten Zigarettenbildern

Erster Weg in der Großstadt
An Mutters Hand
Durch Ruinen

Jeden Mittwoch Mittag um eins
Heulende Sirenen
Zur Probe

Neben Kellerfenstern am Fußweg
Noch weiße Pfeile nach unten

Bei Opa im Schrank
Ein Buch über Sturzkampfbomber

Ein Eckhaus weit weg von der Heimat:

Man sieht noch den Einschlag
In dem Zimmer in dem Mutter schlief
Gerade erst achtzehn
Bevor sie floh vor den Angriffen
Nur kurz vorher

Was wenn …

Deserts

Hot yellow sand
Day by day less protected
From a day by day more merciless sun
Day by day crawls some metres further
Over once fertile land.

Dirty-greyish tailings
Along pits day by day expanding
Remind day by day less
Of day by day lived lives
In once prospering villages.

The desert in us, too:
Round by round spinning
Unwishes for repute and money
With vicious force

Around yearnings
Suppressed for
So long.

Wüsten

Gelber heißer Sand
Tag für Tag weniger geschützt
Vor Tag für Tag unbarmherzigerer Sonne
Kriecht Tag für Tag ein paar Meter weiter
Über einst fruchtbares Land.

Schmutziggrauer Abraum
Über Tag für Tag größeren Gruben
Erinnert Tag für Tag weniger
An Tag für Tag gelebtes Leben
In einst beschaulichen Dörfern.

Die Wüste auch in uns:
Tag für Tag kreisen
Unwünsche nach Ansehen und Geld
Runde für Runde mit teuflischer Fliehkraft

Um Tag für Tag mehr
Unterdrückte
Sehnsucht.

Gebet einer Neunjährigen in der DDR

Danke, lieber Gott,
dass Du Mutti eingegeben hast,
dass ich mich endlich bei den Jungen Pionieren
anmelden durfte.

Und bitte, lieber Gott,
schenke ihr den guten Willen,
dass sie mich morgen in der Schule auch
mein Halstuch umbinden lässt.

Amen

Funkspruch an Elbe und Mulde

(Nach einem Jahrhunderthochwasser)

Wenn das unendliche Wasser vom Bildschirm
in meine kleine trockene Stube flimmert,
sitze ich mit euch auf den Dächern –
zitternd vor Kälte und Höhenangst.

Mit meinen drei Morgentabletten
schlucke ich die unzähligen Tränen,
die ihr manchmal nur mühsam verbergt,
wenn ihr sprecht vom Aufräumen nach dem Ruin
vor den Kameras der Reporter.

Mein Körper zu schwach schon
zum Schaufeln und Sandsäckewuchten;
doch umso stärker der Zorn:
Ich kann doch nicht nichts tun -
da verlass ich das sichere Haus.

Beim Ausfüllen des Bankformulars
halte ich mit dem Stift eure Hände.
Bescheiden die Summe zwar nur –
doch einer von vielen Tropfen im Strom
der noch breiter sein wird als die zerstörende Flut.

Es sei meine Unterschrift wie ein Gebet:
Nun flieg, kleines Blatt Papier, bring
wie die Taube mit dem Ölzweig die Nachricht:
Bald wieder ist Land in Sicht.

Fremde

Fremde
Ist nicht
Das ferne Land,
Dessen Sprache du sprichst.

Fremde ist
Nur ein paar S-Bahn-Stationen weit
Das erste Hallen deiner Schritte
Am Morgen
Auf blankgeputzten Arbeitsamtkorridoren.

Fremde ist
Ganz nah vor dir
Dein Kind
In Springerstiefeln,
Wenn es sagt:
„Nigger jagen ist geil.“

Sinkflug

„Mach' doch die Tür auf!"
Der Mann, allein im Cockpit,
Hat sie verriegelt.
Abgeschlossen hat er
Viel mehr als die Tür -
Abgeschottet
Vor den Angstschreien derer,
Die mit ihm zerschellen.
Im Flugschreiber hört man:
Sein Atem klang ruhig bis zum Aufprall.

Er lässt uns allein
Mit der Frage WARUM?
Auf Schildern neben Kerzen und Blumen.
Wer ließ ihn vorher
So hilflos allein ?
Wie viele Andere
Sind hier ganz unten
Im Sinkflug kurz vorm Zerschellen,
Haben sich verschlossen
Aus Misstrauen und Scham?
Wie viele um sie herum
Vernehmen ihre Angstschreie nicht,
Haben sich verschlossen
Vor ihrer eigenen Ohnmacht und Angst?
Bitte, macht eure Türen auf!

Heiligabend – hierzulande

Heute Nacht wird kein Erlöser geboren.
Keine Könige ziehen aus
ein kleines Kind zu ehren.
Nach pflichtgemäßem Geschenkaustausch
verlöschen zeitig die Lichter
hinter geschlossenen Fenstern und Türen.

Wenn gegen Mitternacht
die Selbstmordrate steigt,
wecken die Sirenen der Krankenwagen
ein paar Obdachlose
im kalten Schatten der Einkaufspassagen
aus schnapsgewärmten Träumen.

Und am Fenster eines Heimes
hoch über der Stadt
steht schlaflos ein kleiner Mensch,
vor Jahren verschenkt.

Den klaren Sternenhimmel oben
kümmert's freilich nicht.

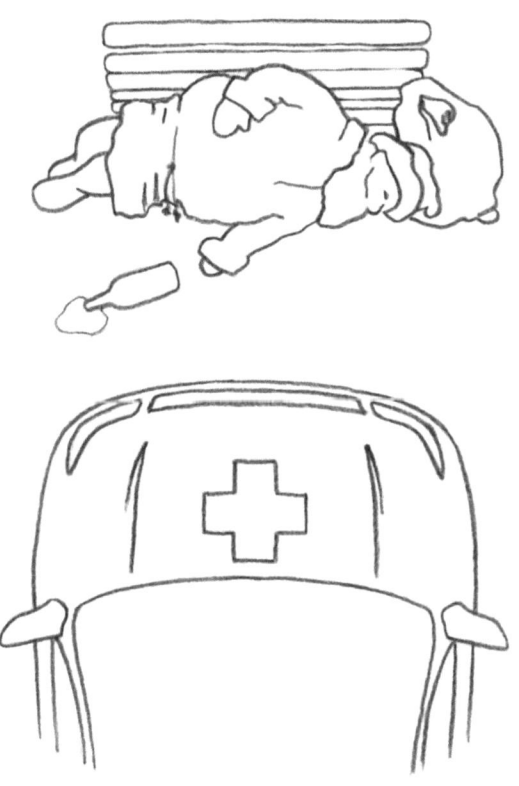

Nun sogar in Regensburg

Die Großen haben Keuschheit gelobt
und auch die anderen göttlichen Tugenden
zu Ehren ihres Allmächtigen,
den sie anbeten mehrmals am Tag.

Die Kleinen sind zu ihnen gekommen,
voller Hoffnung und Vertrauen auf sie und
ihren himmlischen Vater,
um wunderschön singen zu lernen
zu Ehren des Herrn.

Die Großen lehren mit Strenge und Strafen,
schlagen entblößte Haut wütend mit Stöcken,
die sie dann streicheln
voll zügellosem Begehren,
und erfüllen es sich mit brutaler Gewalt.

Die Kleinen verlieren irgendwann die äußeren
Spuren der Schläge,
doch die Ohnmacht der Opfer
wird bleiben für immer.
Auf der Suche nach Sühne bleibt ihnen nur der
Gang vor Gericht:
verzweifelter Aufschrei
statt jubelnden Lobgesangs.

Feuerschein

Im Fernsehen sah er fast schön aus –
der Schein des Feuers
nach dem Aufprall der Bomben
damals und immer wieder auf Städte in Nahost.

Vor über siebzig Jahren in Dresden
staunten Kinder über die leuchtenden Christ-
bäume am Himmel,
bevor sie starben – manche noch in
Fastnachtsverkleidung.

Doch ehe Dresden brannte, fielen Dynamit und
Phosphor
von deutschen Fliegern auf fremde Städte,
starben Kinder in Coventry durch die
„Operation Mondscheinsonate".

Wohin wären sie alle geflohen,
wäre nicht damals Brand und Tod gewesen
überall auf Land und auf See?
Sie hatten höchstens
unter ihren Häusern die Keller.

Die heute übers Meer zu uns kommen
aus brennender Heimat,
mit verängstigten Kindern im Arm
ihr bloßes Leben zu retten,
staunen über die unzerstörten Städte mit all
ihren Lichtern.

Doch plötzlich brennt und zerfällt unweit von
Dresden ihr künftiges Obdach.
Das Feuer des Hasses, im ganzen Land sichtbar,
will zerstören ihre Hoffnung, löschen wir nicht
diesen Brand nun für immer.

Bei uns sollen brennen die Feuer des Friedens,
die zum Leuchten bringen
die Augen der Kinder, woher sie auch kommen.
Über das Kreuz der Versöhnung
auf der wieder erbauten Kirche in Dresden
Senden wir ihren Schein weit hinaus in die Welt.

Auf Reisen

Auf der Brücke über die Schlucht

(Geschrieben nach dem Besuch der Via-Mala-Schlucht
in der Schweiz)

Sicheren Standes, meine Hand
Am steinernen Geländer,
Blicke ich bis auf den Grund,
Wo der Fluss noch als Bach
Schäumend vor Protest durch die Steine sich zwängt.
Er kämpft sich voran
Und lässt sich nicht zwingen
Zu versiegen im Tal
Ehe ein anderes Land er erreicht.

Ich weiß, es wird ihm gelingen
Zu überwinden die Grenzen,
Immer weiter zu wachsen zum mächtigen Strom.
Dank seiner eigenen Kraft
Und den hilfreichen Händen,
Die ihn schiffbar gemacht
Und Häfen und Brücken gebaut,
Kann er nähren das Land
Und Schiffe tragen ins Meer.

Irische Farben

Grün das Gras, vom Regen getränkt,
Weiß die Wolken, getrieben vom Wind,
Orange liegt die Sonne auf der See –

Orange auch mancher Häuser Fenster und Tür,
Weiß auf den Gipfeln der Schnee, die Täler grün
Wie das Kleeblatt, von St Patrick gebracht –

Orange wie die Geschichte der Menschen im Norden,
Grün wie der Name der Insel, die Hoffnung auf Freiheit,
Weiß zwischen beiden: Versöhnung und Frieden.

A Visit to Liverpool

It takes just some steps down
where the music is played
to become young again;

Then a ten minutes' walk
along the quay in the rain
to recall many a hard time.

But one glance will do
to where sea and sky melt
to feel no more kept in the docks –

Now set sail to a new world.

Paradiesbrücke

Die schönste der Brücken
über die Mulde in Zwickau
nenne ich heimlich
„Little Westminster Bridge".
Mein Liebesschloss spanne ich –
ganz unsichtbar -
bis an die Themse nach London.

Vertraute Klänge

Auch an der Ecke
zwischen Rosengässchen und Hauptstraße
hört man Straßenmusikanten
Akkordeon spielen.

Paris ist gar nicht so weit.

IRR-LAND

Meine grüne
Blutgetränkte
Insel;

Am äußersten Rand
Keine Flucht
Außer in Untiefen.

Also doch bleiben,
Wieder wandern und suchen,
Immer den Wind spüren,

Aber auch sehen:
Der Ginster blüht -
Gelb wie sonst nirgendwo.

Aufbruch

Ich trat durch das helle Rechteck der Türöff-
nung nach draußen und drückte die Klinke fest
zu. Noch nie hatte ich so Abschied genommen.
Noch nie war ich von irgendwo weggegangen,
ohne zu wissen wohin. Also folgte ich einfach
dem schmalen Pfad, der aus dem Ort
hinausführte und sich in weiten Bögen durch die
Talwiesen zog, bis er sich am Horizont verlor.
Dieses Verlorengehen machte mir Angst. Aber
ich lief immer weiter, denn mein Verstand
wusste, dass mit jedem Schritt von mir auch der
Horizont wieder einen Schritt weiter nach
hinten rückte. Außerdem spürte ich, dass ich nur
so die Morgenkühle daran hindern konnte, das
Blut in meinen Adern gänzlich erstarren zu
lassen.

Kurklinik – Wintergarten

(Bad Neustadt/Saale)

In gleichmäßiger wohliger Wärme
Inmitten von Palmen in Blumentöpfen
Unter der großen schützenden Glaskuppel
Wollen Verkümmerte wieder erblühen.

Gebändigt in gläsernen Rohren
Oder flachgedrückt an gebogenen Scheiben
Wird selbst der heftigste Wolkenbruch
Zum unterhaltsamen Wasserspiel.

Doch eines Tages werden wir wieder
Ungeschützt unter dem Himmel stehen
Lassen die Regentropfen platzen auf unserer Haut
Bis der Wind auch die schwärzesten Wolken vertreibt.

Gefilterte Farben

Rapsgelb und Blattgrün
gleiten vorbei –
zu ahnen fast nur
hinter Schlammspritzern und Staub
auf dem Fenster
des Vorortzuges.

Auch draußen bleiben mir
manchmal Sonne und Blumen
wie hinter blinden Scheiben verborgen
wenn sich Finsternis legt
auf die undichten Fenster der Seele.

Wer hat mir
meinen Durchblick
mit so viel Schmutz beworfen?

Small Town and Big City

No mountains,	Great expectations,
No sea,	High blocks,
No foreign language -	Babylonian mix of language
No understanding.	No understanding.
No big city to hide.	Nobody to talk to.

No adventure – unless dared,
No rest – unless inside,
No language – unless sincere.
No understanding –unless sought.

No ideal place.

Kleinstadt und Großstadt

Kein Gebirge,
kein Meer,
keine fremde Sprache-
kein Verstehen.

Keine Großstadt zum
Untertauchen.

Große Erwartungen,
hohe Häuser,
babylonisches Sprachgewirr
kein Verstehen.

Niemand zum Reden.

Kein Abenteuer – wenn nicht gewagt,
kein Friede – wenn nicht in dir,
keine Sprache – wenn nicht ehrlich,
kein Verstehen – wenn nicht gesucht.

Kein idealer Ort.

Zugfahrt

Kupferfarbene Intercity-Fenster
lassen von außen
die Blicke nicht durch.
Ich schaue von innen
auf vorbeiziehende Städte,
wo Menschen wie ich
aufrecht geh'n ihren Weg.

Da möcht' ich auf einmal
die Fenster aufreißen
und rufen: "Kommt mit mir ein Stück,
denn ich bin auf der Reise,
weit weg –
zu mir selbst!"

Fernweh

Die Lufthansa steigt schräg
in den Himmel über Altscherbitz*;
lässt schnell hinter sich die Backsteinbauten
mit denen, die ganz unten sind.

Wohin sie fliegen, die aus winzigen Fenstern
von oben auf uns herabschauen –
ob Spanien, Tunis oder Griechenland –
ich frage nicht. Ich träume:

Will wieder aus 11.000 Metern Höhe
über den Wassern zwischen zwei Kontinenten
den gewölbten Horizont sehen;

Dann eintauchen in Wolkenlandschaften,
sanft irgendwo aufsetzen
und überlebt haben.

*Im Ortsteil Altscherbitz von Schkeuditz bei Leipzig, in unmittelbarer Nähe des Flughafens Leipzig – Halle, befindet sich ein Fachkrankenhaus für Neurologie und Psychiatrie.

Vita Eveline Hoffmann

Eveline Hoffmann (geb. Lehmann) wurde 1949 in Meerane/Sachsen geboren. Nach dem Studium der Anglistik, Slawistik und Erwachsenenpädagogik an der Universität Leipzig arbeitete sie als Dozentin für Englisch vorwiegend im Hochschulwesen, aber auch an anderen Einrichtungen der Erwachsenenbildung in Leipzig und Zwickau, wo sie seit 2005 lebt. Sie schreibt seit Anfang der 90er Jahre Lyrik und Kurzprosa, zuweilen auch in englischer Sprache, und überträgt Lyrik und Prosa vom Englischen ins Deutsche. Sie ist Mitglied der Gesellschaft für zeitgenössische Lyrik e.V., im FDA (Freier Deutscher Autorenverband) Landesverband Sachsen e. V., im Förderstudio für Literatur e. V. Zwickau, wo sie 2006 im für die Region Chemnitz/Zwickau ausgeschriebenen Literaturwettbewerb den 2. Preis in der Kategorie Lyrik gewann, und in der Textwerkstatt des DIALOG e. V. Leipzig.
Bisherige Veröffentlichungen ihrer Gedichte und Prosatexte sind in verschiedenen Anthologien zu finden, z. B. in „Breakwall" Vol.VII (Huron Shores Writing Institute Michigan/USA 1996), „Splitter und Glas"

(mit Hannelore Crostewitz und Elisabeth Engler, Schkeuditzer Buchverlag 2007), „Jahresring" (Texte aus dem Förderstudio für Literatur e. V. Zwickau 2007, 2010, 2013), „Aufblick im Anfang" (Verein DIA-LOG e. V. Leipzig, Engelsdorfer Verlag Leipzig 2013), „Zwickauer Impressionen" (Texte aus dem Förderstudio für Literatur e. V. Zwickau, Engelsdorfer Verlag Leipzig 2014), „Winter-Weihnacht-Wunderbares" (Anthologie des FDA Sachsen, Engelsdorfer Verlag Leipzig 2015) und im „Jahrbuch der Lyrik 2015" (Hrsg. Christoph Buchwald und Nora Gomringer, Deutsche Verlagsanstalt 2015), in mehreren Heften der Reihe „Poesiealbum *neu*" (Zeitschrift der Gesellschaft für zeitgenössische Lyrik e. V., Edition *kunst & dichtung* Leipzig) sowie in der Presse.

Persönliche Kommentare der Autorin zu den Illustrationen von Mario Streu

Altweibersommer:
Die scheinbar junge Frau, die ihr schlankes Bein in so entspannter Freizeitstimmung in die Luft hält, träumt vielleicht gerade einen Traum von ewiger Jugend und Schönheit, den ihr der Spinnwebfaden vorgaukelt. Was aber, wenn die Spinne plötzlich auf ihrer Schulter landet? Das wird sicher ein sehr abruptes Ende der illusionären „heilen Welt".

Liebesgedicht:
Eine Brieftaube, die ein Herz überbringt – auch eine originelle Idee. Erst dachte ich: ‚Das muss ja eine sehr kräftige und starke Taube sein, wenn die Last des Herzens sie nicht zu Boden zieht.' Aber zum Glück ist es doch kein Herz aus Stein, sondern ein freies und leichtes, das voller Liebe ist.

Denkmal:
Schön, dass der Held wirklich vom Sockel steigt! Er wird sicher gleich die Hand des kleinen Mädchens nehmen, und man möchte am liebsten „Mäuschen spielen" und zuhören, was sich die Beiden zu erzählen haben.

Übergewicht:
Sehr interessant – wer hält hier wen an der Leine? Schränkt das kopflose Übergewicht das kleine Mädchen in seinem Aktionsradius ein, oder führt das Mädchen in seiner Unschuld das übergewichtige

Wesen beschützend durch die Welt, bis viele seiner Pfunde schmelzen und es wieder einen Kopf auf seine Schultern bekommt? Letzteres möchte ich den Beiden wünschen.

Klippe:

Das ist ja eine sehr sportliche, energiegeladene junge Frau – so wäre ich auch gern! Aber… Auf jeden Fall wirkt das Bild ermutigend.

Phoenix und Ikarus:

So sind Phoenix und Ikarus wirklich zu EINEM Wesen verschmolzen (daher ja auch der Name PHOENIKARUS): Die brennenden Flügel des abstürzenden Ikarus tragen den stolzen Kopf des aufstrebenden Phoenix, der immer wieder aus der Asche steigt. Das kleine Mädchen im Vordergrund mit den Flügeln auf dem Rücken sieht aus wie ein Engel, der den letzten „kleinen Rest von Glut" schützend bei sich trägt.

Ja, das sehen wir Zwei offenbar in gleicher Weise!

Heiligabend:

Liegt da etwa der Weihnachtsmann im Straßendreck? Das wäre tatsächlich schlimm für die Kinder! Dieser Gedanke birgt noch eine weitere – traurige – Symbolik in sich, die ich auch mit meinem Gedicht zum Ausdruck bringen wollte: Weihnachten ist eben doch nicht mehr das, was es einmal war.

Aber es ist ja „nur" ein Obdachloser. Kann der auf ihn zu fahrende Krankenwagen ihm noch Rettung bringen? Das Bild weckt jedenfalls Hoffnung.

Zugfahrt:

Ja – hier sitzt Oma Evi ganz offensichtlich im Zug und ist – wieder einmal – auf dem Weg, auf der Suche nach sich selbst. Darf man das in solch einem hohen Alter überhaupt noch? Sollte man da nicht schon längst beim eigenen Ich angekommen sein? Na ja, Reisen schadet ja nichts, sondern bildet...

Abschlussbild:

Da sitzt doch dieser Sisyphos auf einmal da und tut nichts (mehr?)! Hoffentlich ruht er sich nur ein wenig aus. Das sei ihm schließlich gegönnt nach all der Arbeit, die er schon getan hat. Oder hat inzwischen eine neue Generation seine Aufgabe übernommen? Erstaunlich, mit welcher scheinbaren Leichtigkeit das kleine Mädchen die große, schwere Kugel nach oben befördert. Eine Ablösung steht auch schon bereit. Da muss dieses Herauf und Herunter doch einen Sinn haben...

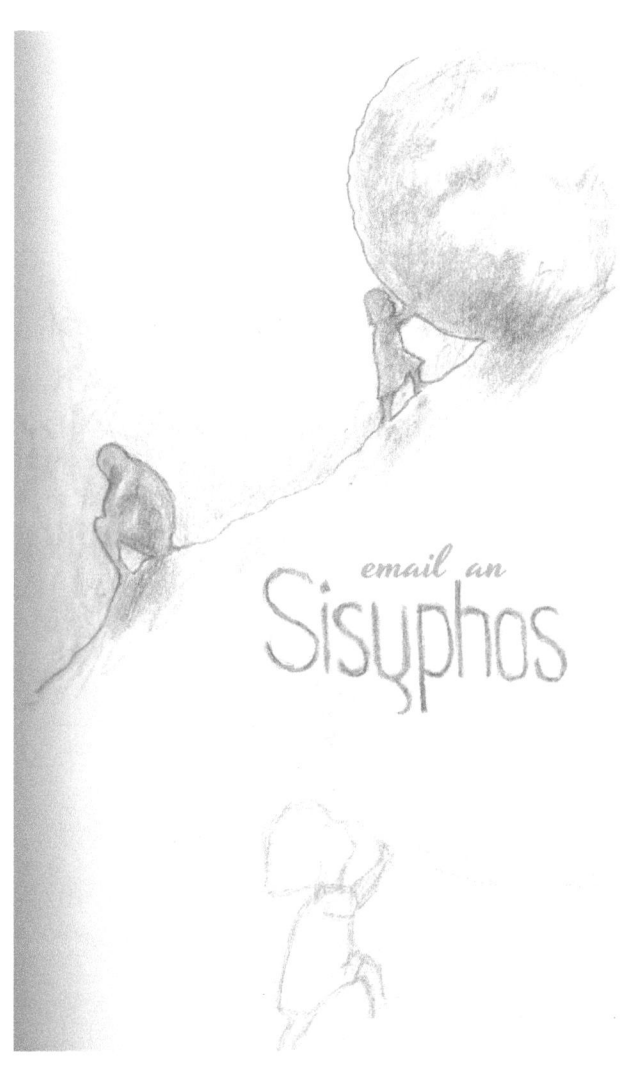

email an
Sisyphos